ART THÉRAPIE

ÉVASION AUSTRALIE

Illustrations

Capucine Sivignon

hachette
HEROES

DIRECTION :
Catherine Saunier-Talec

DIRECTEUR DE PROJET :
Timothée Le Mière

DIRECTRICE ARTISTIQUE :
Mélissande Mestas

RESPONSABLE DE PROJET :
Mona Chardin

SUIVI ÉDITORIAL ET RÉALISATION INTÉRIEURE :
SKGD-Création

COLORISATION DE COUVERTURE :
Charlotte Mélin

FABRICATION :
Grégory Morin

Dépôt légal : mars 2025
33-8061-1/01
ISBN : 978-2-01-731254-3
Imprimé en Chine par Starlite

PAPIER CERTIFIÉ

ÉVASION

Une collection idéale pour explorer le monde sans quitter votre salon et sans impact carbone.

Cette collection est une invitation au voyage, à la découverte et à la balade. Elle vous offre un pur moment de déconnexion et de détente en vous permettant de vous évader de votre quotidien et de vous soustraire à son stress.

Tel un globe-trotteur, choisissez votre destination, puis laissez-vous guider par les 45 illustrations inédites créées par l'artiste pour explorer un pays ou une région.

Au fil de ces pages, laissez-vous surprendre par des paysages grandioses, des villes, une culture et un patrimoine ; découvrez les lieux emblématiques ou insolites qui en font sa renommée. Les dessins sont précis, les perspectives variées, les détails soignés.

Les plus beaux panoramas n'attendent que vous pour retrouver toutes leurs couleurs. À vous de choisir les teintes et les nuances pour leur donner vie et révéler leurs charmes. Créez vos propres palettes pour composer vos tableaux et capturer la magie de l'instant. Laissez parler votre imagination et vagabonder votre créativité.

Évadez-vous et laissez-vous transporter le temps d'une pause colorée.

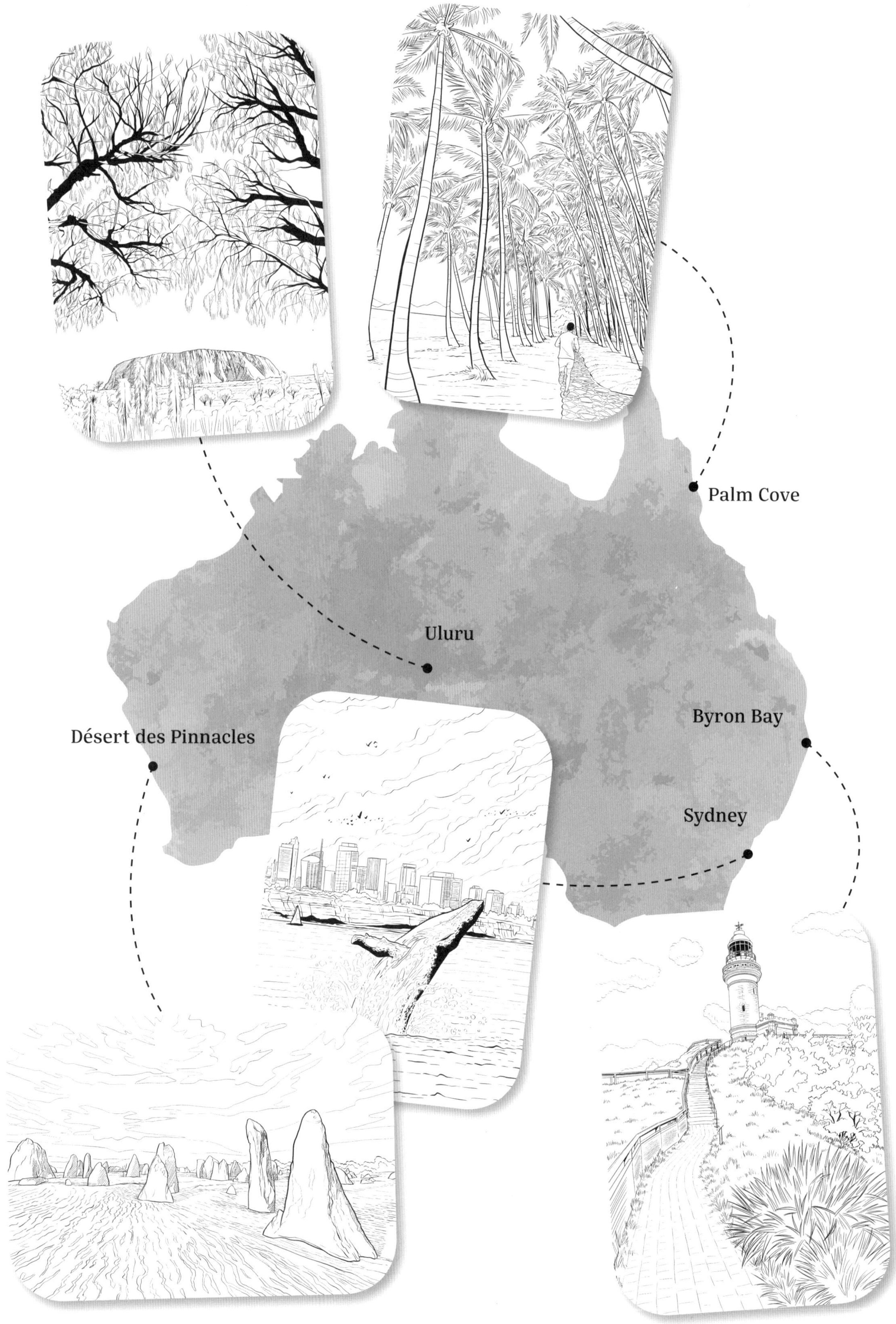
Palm Cove
Uluru
Byron Bay
Désert des Pinnacles
Sydney

AUSTRALIE

L'Australie est une terre de contrastes où défilent des paysages mythiques propices à l'aventure en plein air. Les sublimes plages de sable blanc, bordées par des eaux turquoise, attirent les amateurs de surf et de détente. La Grande Barrière de corail, classée au patrimoine mondial de l'Unesco, est un paradis pour les plongeurs et les amoureux de la vie marine. L'Outback désertique offre une immersion dans le cœur sauvage du pays, avec ses vastes étendues arides et ses formations rocheuses insolites comme Uluru. Les forêts tropicales luxuriantes de la côte ou encore les parcs nationaux de la Tasmanie invitent à découvrir une faune et une flore uniques au monde.

Ce vaste pays-continent promet une multitude d'expériences inoubliables aux voyageurs en quête de nature mais aussi de belles découvertes culturelles dans les métropoles cosmopolites. Sydney, avec son célèbre opéra, et Melbourne, connue pour ses arts de rue, offrent un contraste captivant avec la nature environnante et l'isolement du bush. L'Australie est également riche d'une culture aborigène, avec ses traditions millénaires qui imprègnent son identité contemporaine.

Car l'Australie cultive aussi un mode de vie à part, décontracté. Sa population active, souriante et sportive entretient un rapport puissant à la nature et apprécie le plaisir de l'*outdoor*. Son état d'esprit ouvert et positif favorise la diversité culturelle et les rencontres.

L'Australie est une destination de tous les extrêmes, d'une richesse incroyable et inégalée, une terre aux multiples facettes qui dévoile des paysages insolites à couper le souffle, une culture aux racines ancestrales et une identité authentique qui nourrit son plaisir de vivre.

Opéra de Sydney – **Nouvelle-Galles du Sud**

Koala, île Kangourou – **Australie-Méridionale**

Cacatoès, îles Whitsunday – **Queensland**

Peinture aborigène

Baleine dans la baie de Sydney – **Nouvelle-Galles du Sud**

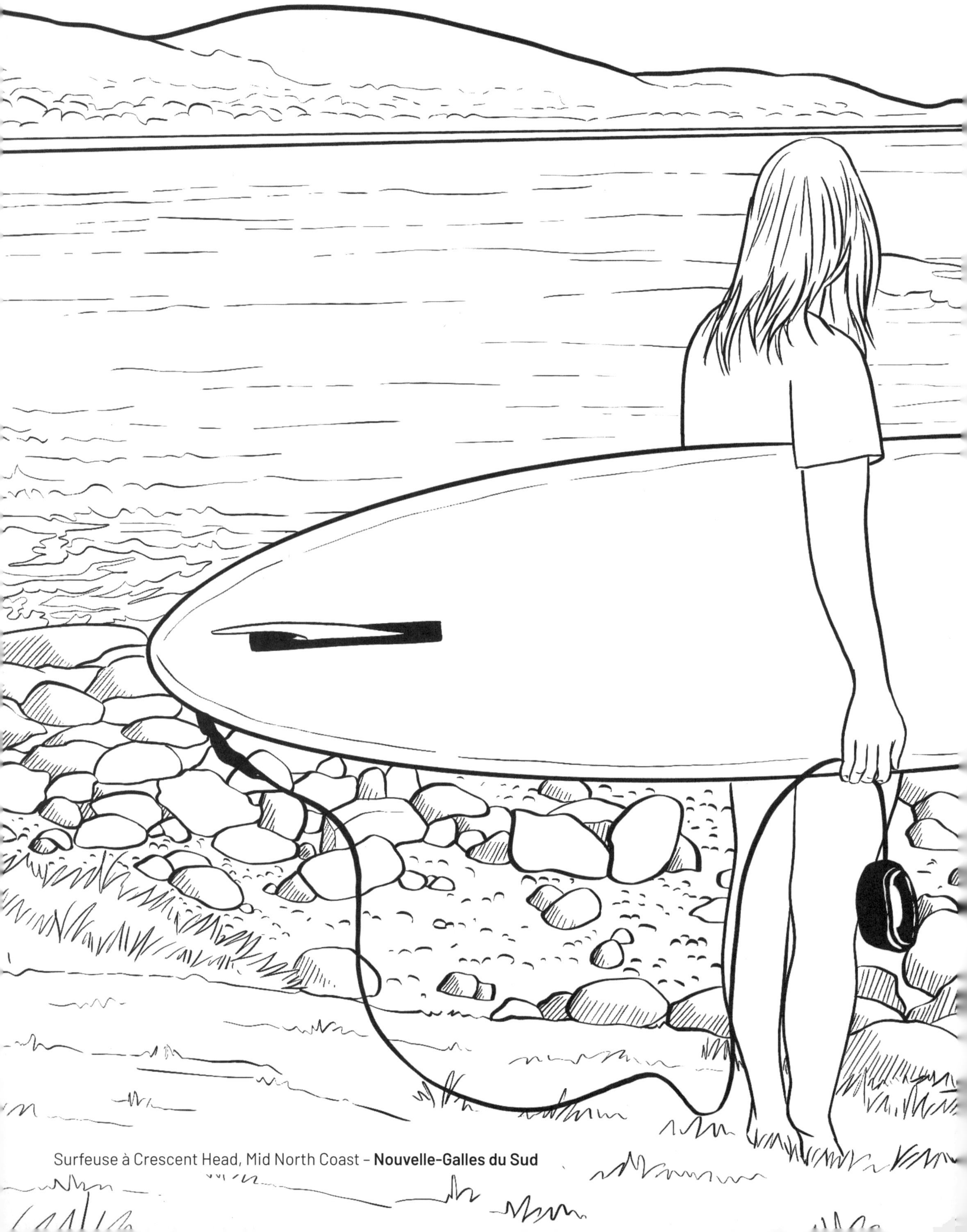

Surfeuse à Crescent Head, Mid North Coast – **Nouvelle-Galles du Sud**

Barbecue familial sur une plage

Baie de Gold Coast – **Queensland**

Grande Barrière de corail – **Large du Queensland**

Monument *Singing Ship*, Emu Park – **Queensland**

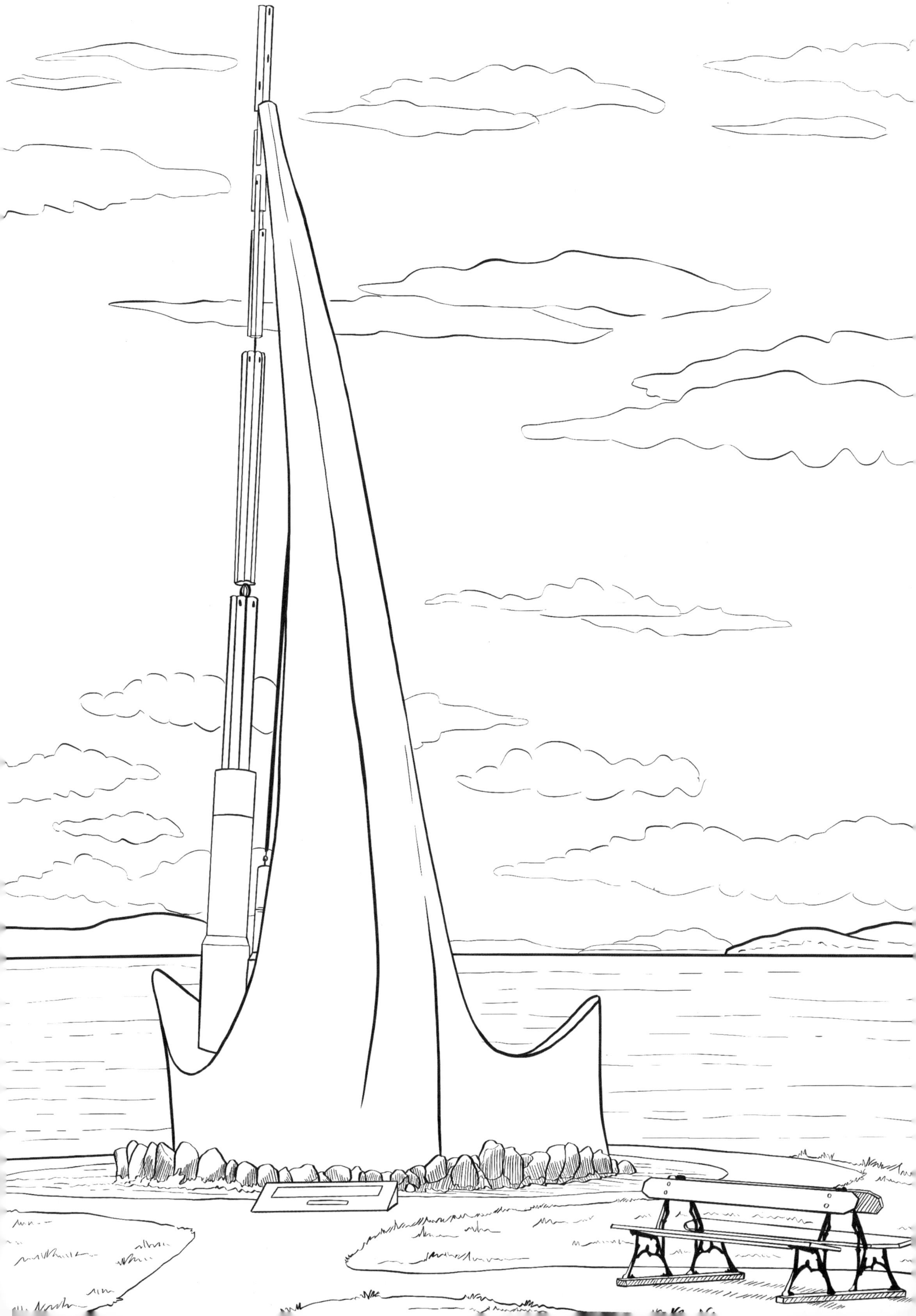

Parc national de Port Campbell, Great Ocean Road – **Victoria**

Southgate Bridge et Eureka Tower, Melbourne – **Victoria**

Panneau de signalisation en direction de la Great Western Highway – **Australie-Occidentale**

Monolithe Uluru (Ayers Rock), Red Centre – **Territoire du Nord**

Plage sur l'île Fitzroy – **Queensland**

Pole House à Fairhaven Beach, Great Ocean Road – **Victoria**

Cathédrale Saint-Pierre, Adélaïde – **Australie-Méridionale**

Phare du cap de Couedic, île Kangourou – **Australie-Méridionale**

Match de football australien

2
8
10

Whitehaven Beach, île Whitsunday – **Queensland**

Cabines de plage à Brighton Beach, Melbourne – **Victoria**

Phare de Byron Bay vu depuis la piste de randonnée du cap Byron – **Nouvelle-Galles du Sud**

Kings Canyon, montagnes des MacDonnell Ranges de l'ouest, Red Centre – **Territoire du Nord**

Montagnes des MacDonnell Ranges, Red Centre – **Territoire du Nord**

Forêt tropicale humide du parc national de Daintree - **Queensland**

Route dans le bush, île Kangourou – **Australie-Méridionale**

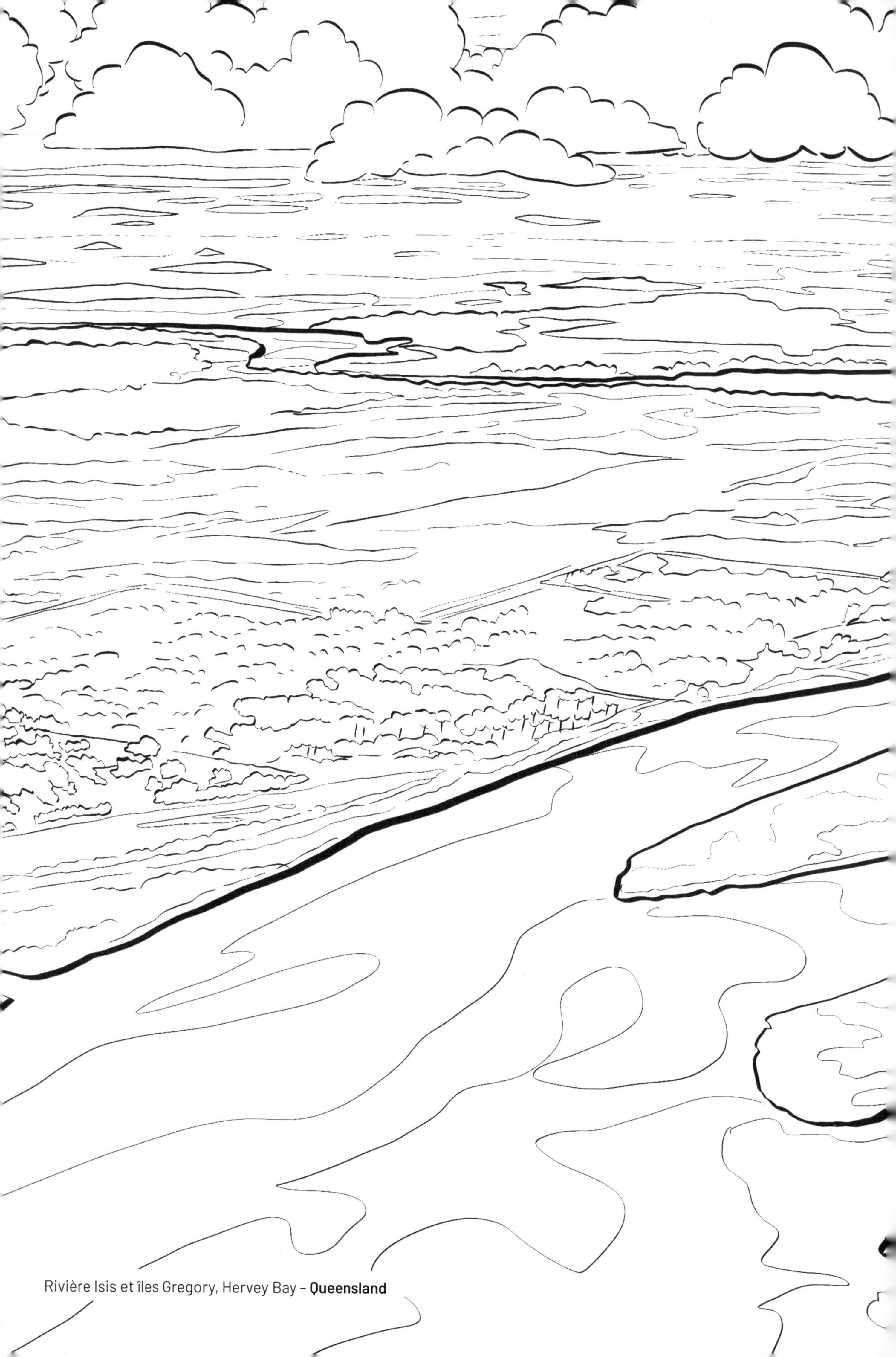

Rivière Isis et îles Gregory, Hervey Bay – **Queensland**

Escalier menant à la plage de Byron Bay – **Nouvelle-Galles du Sud**

Formation rocheuse de la Chambers Pillar Historical Reserve, Outback – **Territoire du Nord**

Skyline de Brisbane – **Queensland**

Bay of Fires, baie de Binalong – **Tasmanie**

Joueur de didjeridoo, Kuranda – **Queensland**

Kangourou sur une plage de Lucky Bay – **Australie-Occidentale**

Palm Cove, région de Cairns – **Queensland**

Vue aérienne d'Emily Bay – **Île Norfolk**

Casoar à casque

Vallée des Géants, parc national Walpole-Nornalup – **Australie-Occidentale**

Désert des Pinnacles, parc national de Namburg – **Australie-Occidentale**

Bondi Beach, Sydney – **Nouvelle-Galles du Sud**

Surfeur

Chutes d'eau de Russell Falls, Mount Field National Park – **Tasmanie**

National Pass, Wentworth Falls, parc national des Blue Mountains – **Nouvelle-Galles du Sud**

Rivière Bloomfield – **Queensland**

Perth – **Australie-Occidentale**